A FAMÍLIA COELHO E O GIGANTE

Copyright © texto: Esko-Pekka Tiitinen, 2012
Copyright © ilustrações: Nikolai Tiitinen, 2012
Copyright © Autêntica Editora, 2014
Original edition published by Tammi Publishers

Título original: *Jätti ja Jänöset*

Brazilian Portuguese edition published by agreement with Tammi Publishers, Elina Ahlback Literary Agency, Helsinki, Finland, & Vikings of Brazil Agência Literária e de Tradução Ltda., São Paulo, Brazil.

Todos os direitos reservados pela Autêntica Editora. Nenhuma parte desta publicação poderá ser reproduzida, seja por meios mecânicos, eletrônicos, seja via cópia xerográfica, sem a autorização prévia da Editora.

EDIÇÃO GERAL
Sonia Junqueira (T&S – Texto e Sistema Ltda.)

REVISÃO
Aline Sobreira

DIAGRAMAÇÃO
Tamara Lacerda

Dados Internacionais de Catalogação na Publicação (CIP)
(Câmara Brasileira do Livro, SP, Brasil)

Tiitinen, Esko-Pekka
 A família Coelho e o gigante / Esko-Pekka Tiitinen, Nikolai Tiitinen ; tradução Pasi Loman e Lilia Loman. -- 1. ed. -- Belo Horizonte : Autêntica Editora, 2014.

 Título original: Jätti ja Jänöset.
 ISBN: 978-85-8217-419-7

 1. Ficção - Literatura infantojuvenil I. Tiitinen, Nikolai. II. Título.

14-02260   CDD-028.5

Índices para catálogo sistemático:
  1. Ficção : Literatura infantil 028.5
  2. Ficção : Literatura infantojuvenil 028.5

Belo Horizonte
Rua Aimorés, 981, 8º andar . Funcionários
30140-071 . Belo Horizonte . MG
Tel.: (55 31) 3214 5700

São Paulo
Av. Paulista, 2.073, Conjunto Nacional,
Horsa I . 23º andar, Conj. 2301 . Cerqueira César
01311-940 . São Paulo . SP
Tel.: (55 11) 3034 4468

Televendas: 0800 283 13 22
www.grupoautentica.com.br

Esko-Pekka Tiitinen · Nikolai Tiitinen

A Família Coelho e o Gigante

Traduzido do finlandês por
Pasi Loman e Lilia Loman

Certa vez, uma pomba pousou em meu ombro e disse:
— Um conto de fadas é a resposta.

autêntica

O sol espalhava seus raios brilhantes sobre as encostas da montanha. Apesar das patas endurecidas pelo frio do outono, a família Coelho estava muito contente. Tinham acabado de colher um carrinho cheio de cenouras e batatas de sua plantação. Aquilo seria mais do que suficiente para passarem o inverno.

– Laranja é a cor da sorte! – gritou Purpurina, levando a flauta aos lábios e chamando Cambalhota, Fuligem e Framboesa para dançar a polca da cenoura.

Cansados, mas felizes, Papai Penugem e Mamãe Pompom observavam seus filhos brincarem. De repente, Papai fechou os olhos e murmurou:

– Vocês estão ouvindo?

Naquele exato momento, o chão tremeu, o céu escureceu, e um gigante mais alto que um abeto surgiu sobre a colina. Nunca haviam visto nada como aquilo em Montes Peludos.

– Ah! Um parque de diversões! E também comida pronta! Este é um bom lugar... Estou com uma fome de leão! – disse o gigante, devorando um monte de batatas.

– Que apetite! Ele comeu nossa comida! – resmungou Cambalhota.

– Logo ele vai ter de arrotar – disse Framboesa.

– Dieta, dieta! Não vamos aguentar! – anunciou Fuligem.

– Parem com isso! – disse Mamãe Pompom, severa. – Talvez ele tenha vindo de longe. Foi bom ter algo para comer imediatamente.
– Não deve ser a primeira vez que ele come, senão não teria crescido tanto – disse Purpurina. – Será que ele vai comer nossas cenouras também?
– Acho que não – respondeu Papai Penugem. – Só temos de avisá-lo que são nossas cenouras para o inverno.

Quando ficou satisfeito, o gigante suspirou e disse:
– Até o vento soa mais bonito aqui do que em minha velha terra natal. Aqui eu terei liberdade para fazer todos dançarem de acordo com minha música, isto é, me obedecerem...
– Talvez ele seja um dançarino. – Papai parecia satisfeito. – Isso seria legal.
– Ele falou bonito, deve ser bom – disse Mamãe. – Ele até gostou da música de Purpurina.
– Sim, porque achou que fosse o vento – disparou Cambalhota.
– Vamos olhá-lo direto nos olhos! – disse Mamãe.
Quando o gigante notou a família Coelho, fez uma declaração entusiasmada:
– Queridos amigos, já que eu sou o maior, serei o rei deste país. Tenho certeza de que não serei exilado por ninguém.
– Coitadinho – disse Mamãe. – Nós o ajudaremos.
– Fico feliz que tenha entendido imediatamente – disse o gigante, satisfeito. – Como rei, só darei boas ordens.
– Rei e ordens – sussurrou Framboesa para seu pai. – O que essas palavras significam?
– Não sei, mas espero que tudo fique claro quando o conhecermos melhor. – Papai parecia otimista.

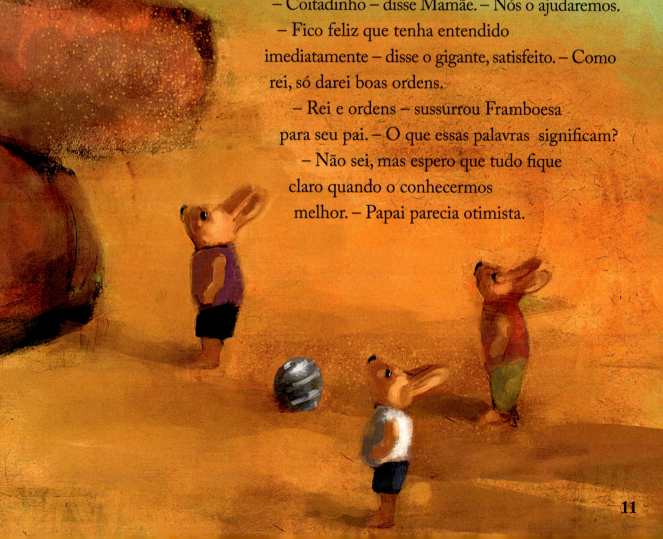

Embora estivesse escurecendo, o gigante começou a arrancar árvores e a construir um castelo para morar.

– Ele parece um construtor competente – disse Mamãe. – Talvez possamos aprender algo novo com ele.

– Ou ele aprender conosco! Nessa velocidade, a floresta vai desaparecer – suspirou Fuligem.

– E aí, onde vamos brincar? – gritou Framboesa.

Dando cambalhotas em torno da mãe e do pai, Cambalhota repetia sem parar:

– Danças terminam, *tanças derminam*, danças terminam...

– Acalme-se! – disse Papai ao caçula. – Talvez ele nos convide logo para ir brincar em sua casa.

– Quando uma criança nascer, ela terá seu próprio berço – disse o gigante para a família Coelho. – A segurança é a coisa mais importante na vida.

– Ele se importa com seus filhos da mesma forma que nos importamos com vocês – disse Mamãe, acariciando seus pequenos.

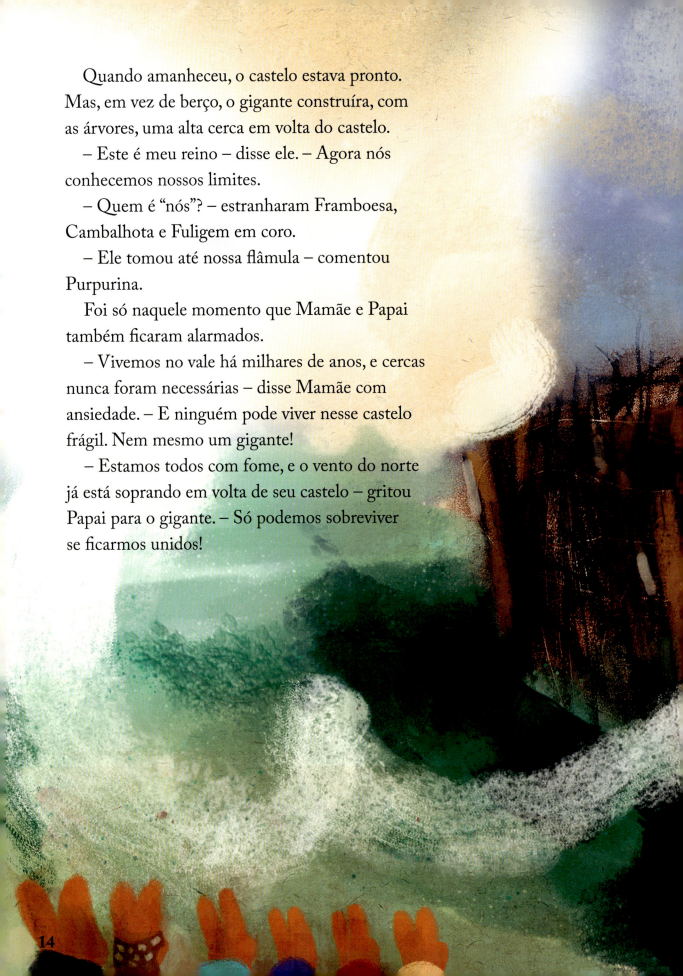

Quando amanheceu, o castelo estava pronto. Mas, em vez de berço, o gigante construíra, com as árvores, uma alta cerca em volta do castelo.

– Este é meu reino – disse ele. – Agora nós conhecemos nossos limites.

– Quem é "nós"? – estranharam Framboesa, Cambalhota e Fuligem em coro.

– Ele tomou até nossa flâmula – comentou Purpurina.

Foi só naquele momento que Mamãe e Papai também ficaram alarmados.

– Vivemos no vale há milhares de anos, e cercas nunca foram necessárias – disse Mamãe com ansiedade. – E ninguém pode viver nesse castelo frágil. Nem mesmo um gigante!

– Estamos todos com fome, e o vento do norte já está soprando em volta de seu castelo – gritou Papai para o gigante. – Só podemos sobreviver se ficarmos unidos!

Naquele momento, uma nevasca pintou o solo de branco. Sem perder tempo, Purpurina pulou a cerca e começou a tocar *A canção do inverno* para o gigante.

O gigante se assustou, levantou Purpurina na palma de sua mão e ralhou:

– Pare com esse violino agora!

– É uma flauta – apontou Purpurina. – De qualquer forma, você queria que dançássemos.

– Eu decido quando há dança por aqui! – disse o gigante.

– Você também logo sentirá frio, está nevando – disse Purpurina. – Então vai ter de dançar para se manter aquecido – nós, da Família Coelho, sabemos disso.

– Pode nevar, eu não sou um coelho medroso! Sei como me manter aquecido. Vou começar a tomar sol. Então guarde sua flauta e pule fora daqui!

– Você não vai nem agradecer pelas cenouras que pegou? – perguntou Purpurina, magoada.

– Por quê? Já fui rei de muitos países e nunca agradeci a ninguém nem pedi conselhos – disse o gigante, pondo Purpurina no chão. Em seguida, arrancou a roda-gigante da família Coelho e fez dela uma coroa, anunciando: – A partir de agora, sou eu que faço o mundo girar!

– Você não pode decidir tudo sozinho – disse Purpurina, correndo para casa.

Na manhã seguinte, o gigante começou a construir uma escada.

– O pobre gigante não sabe que não pode mandar o sol sair – disse Mamãe Pompom.

– O gigante tem de cair em si – disse Papai. – Senão ele morrerá congelado, e nós não teremos nenhuma cenoura.

– Ele nos entenderá se fizermos um cafuné nele – disse Mamãe Pompom.

– Como é possível fazer cafuné numa estaca de gelo no topo da escada? – opinou Cambalhota.

– Vamos pular até ele e cantar *A canção da geada* – sugeriu Mamãe Pompom. – Ele ainda há de ver o que significa o verdadeiro calor.

Com o sopro do Senhor Geada qualquer um pode se assustar,
mas até a cabeça de um gigante ele pode congelar.
Vou lhe dizer uma coisa que é clara como o céu:
nunca saia no frio sem um chapéu.

– Quietos, cabecinhas brancas! – gritou o gigante para a família Coelho. – Como ousam zombar de mim?

– Você entende que vai ficar terrivelmente frio? – perguntou Papai.

– Congelante! – gemeram Fuligem, Purpurina, Framboesa e Cambalhota em coro.

– Estou acostumado com climas congelantes – o gigante soava desafiador. – E não vou embora.

– Estou lhe suplicando pelas minhas crianças! – gritou Mamãe. – Abra o portão e nos dê pelo menos uma cenoura. Você também foi criança, um dia!

    Estranhamente, o gigante se calou diante das palavras de Mamãe. Durante uma noite e um dia ele refletiu, olhando sem parar para as crianças e para os desenhos de coração que elas haviam feito na neve. Finalmente, a voz do gigante, tremendo de frio, soou sobre a cerca:

    – A última vez que abri a porta, fui mandado embora.

    – Ninguém mandará você embora. Diga-nos do que realmente tem medo – falou Mamãe.

— Que em algum lugar exista alguém ainda maior que eu que possa se tornar rei – disse o gigante, agachando atrás da cerca.

— É verdade, o sol é ainda maior que você – disse Mamãe. – Mas você não tem de ter medo dele.

— Gigante ou lebre, somos todos igualmente pequenos diante do frio congelante! – suspirou Papai melancolicamente.

Mordeu as bochechas do gigante com toda a força e esmigalhou a escada com seus dentes. Ela caiu em cima da cerca com um estrondo e se partiu em duas.

Imediatamente, os Coelho souberam o que devia ser feito. Rapidamente, usaram os restos da escada para escalar a cerca, encontraram o carrinho de cenouras e comeram até se fartar.

O gigante estava com tanto frio que não podia mais mover nem um dedo. Ele apenas tremia e olhava para a frente com seus olhos gelados. A roda-gigante havia caído de sua cabeça e jazia quebrada do lado de fora do castelo.

— Temos de nos mexer, temos de ajudar o gigante – exclamou Mamãe.

Rapidamente, Mamãe, Papai, Cambalhota, Framboesa, Fuligem e Purpurina subiram até a cabeça do gigante e se enrolaram ali, lado a lado. Parecia que o gigante ganhara um capuz quente.

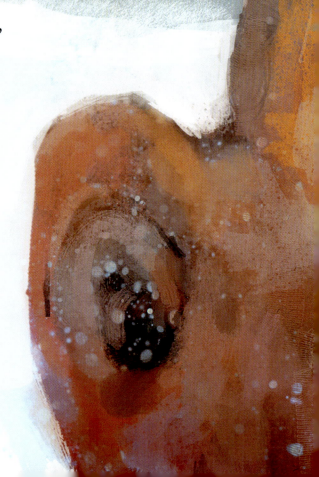

O inverno foi longo e rigoroso, mas todos sobreviveram mantendo-se unidos. Agora o sol sorria para a família Coelho e para o gigante, abraçava-os com seu calor e lhes desejava boas-vindas à nova primavera, com votos de boa sorte. Sob seu capuz de coelhos, o gigante havia pensado sobre as coisas, e algo estranho tinha acontecido com ele durante o inverno.

Embora o gigante ainda tremesse um pouco de frio, ele imediatamente desmontou a cerca e o castelo. Com a ajuda da família Coelho, construiu uma nova roda-gigante de madeira. Do topo da roda, todos podiam ver além das montanhas.

A família Coelho cantava alegremente enquanto girava na roda:

Neste mundo, o sol é o campeão,
seus raios nos dão cenouras e diversão.

Desde então, o gigante brinca com a família Coelho todos os dias, ajuda com a semeadura da primavera e até se pega sorrindo – coisa que não fazia há muito tempo. Agora estão todos lá, olhando uns para os outros, ouvindo a música de Purpurina e sentindo que não há nada melhor no mundo.

Até uma pequena pomba teve coragem de pousar no ombro do gigante para descansar.

Os autores

ESKO-PEKKA TIITINEN (1956) é um autor e artista finlandês amplamente reconhecido. Seus talentos são admirados em diferentes campos profissionais, e ele já recebeu diversos prêmios literários. Tem uma carreira produtiva como escritor, diretor de teatro, roteirista, compositor, letrista e teatrólogo. Até a presente data, escreveu mais de vinte livros, várias peças de teatro, peças para rádio, libretos de ópera, *scripts* de TV e expôs seus trabalhos de arte na Finlândia e em outros países.

NIKOLAI TIITINEN (1988), filho de Esko-Pekka Tiitinen, é um artista e designer gráfico versátil e talentoso. Fez seu primeiro *design* de capa para o romance escrito pelo pai para adolescentes, *Villapäät* (2008), que ganhou o Finlandia Junior Prize, o mais importante prêmio literário da Finlândia. As ilustrações coloridas de Nikolai também aparecem em pôsteres de teatro e capas de disco. *Todos juntos somos fortes* (2010), o primeiro livro que ilustrou, ganhou o terceiro prêmio compartilhado no 9º Mikkeli Illustration Triennial.

Os tradutores

O casal **Lilia Loman** (1973) e **Pasi Loman** (1976) são sócios-fundadores da Vikings of Brazil Agência Literária e de Tradução Ltda. Nascidos, respectivamente, no Brasil e na Finlândia, ambos têm doutorado pela Universidade de Nottingham, Inglaterra, e trabalham como tradutores do finlandês e do inglês, tendo realizado traduções para várias editoras brasileiras. São também proprietários da empresa de treinamento em idiomas Communicate English Training. Pasi é o representante do Instituto Ibero-Americano da Finlândia no Brasil, ponte de cultura e ciência entre a Finlândia e o mundo luso-hispânico.

Este livro foi feito com a fonte Adobe Caslon Pro
e impresso em papel couché 150 g/m² na Formato Artes Gráficas